Jb 1482.

CITOYEN ET SOLDAT.

LES DROITS

DE

L'ARMÉE FRANÇAISE

PAR

ÉDOUARD BAILLET

EX-CAPITAINE D'INFANTERIE, ANCIEN COMMANDANT DU 3ᵉ BATAILLON
DE LA GARDE MOBILE.

PARIS

A LA PROPAGANDE DÉMOCRATIQUE, CHEZ BALLARD ET Cⁱᵉ,

RUE DES BONS-ENFANTS, 1.

Cette brochure n'intéresse pas seulement un ancien officier, victime de son républicanisme, mais tous les officiers et l'armée tout entière. Des républicains se sont réunis pour la publier à leurs frais; ils demandent pour la répandre le concours des amis de la justice et de la liberté. Il est bon, il est nécessaire que la France sache à quel arbitraire sont soumis aujourd'hui les hommes qui ont l'honneur de porter l'épaulette, ce qu'il leur est défendu de dire et de faire, et comment il dépend du caprice d'un supérieur de les étouffer dans l'ombre et de leur enlever leur état sans dire pourquoi. L'ex-capitaine Baillet, qui ne fait plus partie de l'armée, qui n'a plus d'intérêt personnel en cause, a réclamé pour ses anciens frères d'armes. C'est le devoir de tous les patriotes de l'aider dans la défense de la cause qu'il a embrassée, et à laquelle il ne faillira pas. Il connaît l'arbitraire et les abus dont souffre l'armée; il les dénoncera, il en obtiendra la réparation, et s'il ne peut plus employer son épée au service de la France et de la démocratie, il aura du moins la consolation de les servir encore toutes les deux en défendant les droits des citoyens que la tyrannie même qui les opprime empêche de se défendre eux-mêmes.

La présente brochure contient :

1° La pétition adressée à l'Assemblée nationale par l'ex-capitaine Baillet;

2° La lettre qu'il a écrite au ministre de la guerre et où se trouvent exposées les causes de sa mise en non activité et de sa démission, ce dernier acte devant être considéré comme une *protestation* contre l'arbitraire dont il a été l'objet.

3° Des extraits des articles de journaux dont la publication a principalement motivé le coup dont il a été frappé.

LISEZ ET JUGEZ.

Les Éditeurs.

———

I

PÉTITION

À

L'ASSEMBLÉE NATIONALE [1].

———⸙⸕⸙———

Citoyens représentants,

La loi du 19 mai 1834 sur l'état des officiers, titre 2, section 2, article 6, porte : « La mise en non activité par retrait ou suspension d'emploi a lieu par *décision royale*, sur le *rapport* du ministre de la guerre. »

Par cette disposition particulière de la loi précitée, le ministre de la guerre peut, sans être obligé de recourir à un conseil d'enquête, et sans exposer les motifs de sa rigueur, priver un officier de son emploi, et par là compromettre gravement son avenir. Cette loi, fruit des plus mauvais jours de la

_____

(1) Cette pétition a été déposée le 28 janvier dernier sur le bureau de l'Assemblée par M. le lieutenant-colonel Charras, qui a promis de soutenir à la tribune le principe qu'elle défend.

monarchie de Juillet, ouvre un vaste champ à l'arbitraire; elle est par cela seul, en ce qui concerne l'article 6 précité, incompatible avec un gouvernement républicain.

La République a déjà fait acte de réparation en assurant la position des sous-officiers contre l'arbitraire; ils ne peuvent plus être cassés désormais qu'après avis d'un conseil d'enquête. Il n'importe pas moins d'assurer l'état des officiers, en garantissant leur avenir contre des mesures qui ne peuvent qu'être injustes quand on n'ose en avouer la cause.

Je viens donc faire appel à votre sollicitude en demandant que la loi du 19 mai 1834 sur l'état des officiers soit modifiée en ce qui touche l'article 6 de la section 2 du titre 2; de telle sorte que l'article 13 du titre 2 soit applicable aux officiers qui se mettraient dans le cas d'être frappés de retrait ou de suspension d'emploi; c'est-à-dire qu'ils ne puissent plus être suspendus de leur emploi qu'après avis d'un conseil d'enquête. Par cette modification, que les nombreux exemples de ces derniers temps ont rendue nécessaire, vous opposeriez des obstacles sérieux à ces coups que la passion et l'arbitraire frappent trop souvent dans l'ombre.

Ce serait faire injure au principe républicain autant qu'au caractère et aux lumières de l'armée, que de vouloir conduire cette dernière par des moyens que les gouvernements despotiques seuls emploient.

La discipline n'a pas ses plus fortes garanties dans des lois qui compriment et qui ouvrent la porte au bon plaisir; elle les trouve dans des lois qui garantissent autant le droit et les intérêts légitimes de chaque membre de l'armée, que les intérêts sacrés de cette discipline sans laquelle il n'est pas d'armée possible.

Victime récente de l'arbitraire que je signale, je suis désintéressé dans cette question; mais j'ai pensé que la fraternité inscrite sur les drapeaux de la République n'était pas un vain mot, et que l'intérêt futur de mes anciens frères d'armes devait m'être aussi sacré que le mien.

Respect et fraternité.

ÉDOUARD BAILLET,
ex-capitaine d'infanterie.

II

À M. RULHIÈRES

ministre de la guerre.

LE CITOYEN BEDEAU... Quand un officier est proposé pour être mis à la retraite, il y a différentes conditions qui doivent être remplies ; on examine les motifs, et, s'ils sont suffisants, la mise à la retraite est proposée ; mais si l'officier est *mis à la retraite pour des causes politiques*, il y a *injustice*. Non, *jamais* un officier ne peut être mis à la retraite pour des faits politiques, à moins que ces faits politiques ne se soient accomplis sous son commandement direct.

(Assemblée nationale, séance du 12 août.)

Général,

Je crois avoir toujours su mériter l'estime et la considération de mes inférieurs, de mes égaux et de mes supérieurs : ils me tiennent tous, j'en suis convaincu, pour honnête homme et bon officier. Cependant vous me retirez mon emploi.

Quelqu'arbitraire que soit la loi qui vous autorise à compromettre, sans exposition de motifs, la carrière d'un officier, vous n'avez pu la briser tout à fait. Je complète vos intentions ; je la brise moi-même, cette carrière qui compte vingt-et-un ans de bons services : je vous envoie ma démission. Maintenant je suis libre. Vous avez voulu frustrer l'officier de sa liberté d'*homme* et de sa conscience de *citoyen* ; désormais cet officier n'existe plus... Mais l'homme et le citoyen subsistent ; ceux-là, vous ne pouvez les atteindre.

Avant d'entreprendre l'énumération des causes qui ont provoqué votre rigueur, souffrez, général, que j'expose à vos yeux le résumé rapide de mes services ; ils n'ont rien d'éclatant, mais ils sont honorables.

J'entrai au service en 1828 ; j'avais seize ans. Le 14e de ligne, que vous me forcez à quitter, me reçut dans ses rangs. J'y servis, en qualité de volontaire et à mes *frais*, pendant deux ans. Je contractai mon enrôlement le 1er juillet 1830. Je fus nommé sergent-major en 1832, adjudant en 1836, sous-lieutenant en 1839, lieutenant en 1842, capitaine le 21 juillet 1848, membre de la légion d'honneur le 28 juillet 1848. Le 2 août de la même année, j'étais nommé, à l'élection et à l'unanimité, chef du 3e bataillon de la garde mobile. Cette promotion n'est pas celle dont je m'honore le moins ; je dois à juste titre conserver précieusement le souvenir de ce suffrage de six cents hommes ; car il ne fut ni capté ni surpris.

Quelles raisons ont pu vous solliciter à me frapper ? Je vais les chercher.

Le 23 février 1848, je faisais partie des troupes stationnées au boulevard des Capucines. Quelques minutes après le sanglant incident qui signala la soirée de ce jour, un citoyen interpella M. le lieutenant-colonel Courand : il accusait le 14e de ligne d'un guet-apens infâme... Sur les dénégations énergiques du colonel, il sollicita l'envoi d'un parlementaire qui expliquerait au peuple furieux les véritables causes de ce lugubre drame. Je m'offris pour remplir cette périlleuse mission... Périlleuse, en effet, puisque je fus assailli, frappé, et ne parvins à échapper à une mort certaine qu'avec le concours d'un bataillon de la 2ᵉ légion, qu'un hasard providentiel avait conduit vers moi : il m'arracha, meurtri et sanglant, des mains d'une foule légitimement exaspérée, puisqu'elle se croyait victime d'une lâche trahison (1). Est-ce pour avoir exposé ma vie en voulant sauvegarder l'honneur du 14ᵉ de ligne que vous m'arrachez mon épée ? Je ne le suppose pas.

Le 15 mai 1848, je contribuai, avec le 3ᵉ bataillon de la garde mobile, dont j'étais adjudant-major, à dégager l'Assemblée nationale. Le soir de ce même jour, j'eus occasion de rendre un léger service à un citoyen qui voulait rejoindre la 1ʳᵉ légion ; une consigne sévère interdisait le passage du pont de la Concorde : je la fis lever pour lui. Ce citoyen, général, c'était vous. Est-ce pour avoir aidé ce jour-là à défendre l'Assemblée nationale que vous m'arrachez mon épée ? Je ne le crois pas.

Pendant la funeste bataille de juin 1848, je commandais, en l'absence du titulaire, le 3ᵉ bataillon de la garde mobile. Est-ce pour avoir rempli mon devoir de soldat dans toutes les positions où j'ai été appelé pendant ces néfastes journées que vous m'arrachez mon épée ? Evidemment non. Est-ce enfin parce que j'ai employé tout ce que j'ai d'énergie et d'intelligence à discipliner ce bataillon de la garde mobile dont j'ai été le chef ? Non, sans doute. Je vais vous dire pourquoi vous m'avez arraché mon épée.

---

(1) La reconnaissance me fait un devoir de citer ici M. Linvec, lieutenant dans cette légion, qui se précipita le premier à mon secours.

Vous me l'avez arrachée :

Parce que, en même temps que j'inculquais aux jeunes soldats du bataillon que je dirigeais, des sentiments d'ordre et de discipline, je m'efforçais aussi de graver dans leur cœur l'amour de la République...

Vous me l'avez arrachée..., parce que j'ai prouvé, le 29 janvier 1849, que j'étais prêt à défendre la République contre ceux qui voulaient la détruire, comme je l'avais été précédemment à m'opposer à ceux qui pensaient la sauver, alors qu'elle n'était pas encore ouvertement menacée...

Vous me l'avez arrachée..., parce que j'ai été *soupçonné* d'avoir écrit dans *le Franc parleur de la Meuse* des articles qui ont été trouvés entachés de républicanisme, *c'est-à-dire d'anarchie et de désordre.* L'opinion en décidera. C'est bien moi qui les ai écrits, en effet; mais vous n'en aviez pas la certitude; or, vous ne deviez pas me condamner sur un soupçon.

Vous me l'avez arrachée..., parce que, prenant au sérieux *ma liberté* et *ma dignité d'homme et de citoyen,* j'ai pensé que la discipline militaire n'avait aucune action à exercer sur elles. En effet, j'ai persisté à fréquenter un café que l'on m'avait interdit et où je trouvais des citoyens aussi honorables que quiconque, *quoiqu'ils soient républicains.* J'ai pensé que si, comme officier, je devais obéissance entière à mes chefs *dans des cas purement militaires,* comme homme j'avais le droit imprescriptible d'aller partout où mon libre arbitre me sollicitait, dès lors que je ne portais atteinte ni à mon uniforme ni à mes devoirs d'officier. J'ai pensé aussi que, comme citoyen, j'avais également le droit d'éclairer ma conscience politique, en lisant tous les journaux, de quelque couleur qu'ils fussent...

Vous me l'avez arrachée, enfin..., parce que vous vouliez faire de moi un *officier russe*, et que j'ai tenu à honneur de rester *officier français*...

Voilà, général, pourquoi vous m'avez arraché cette épée, trop républicaine à vos yeux. Vous n'en aviez pris que la poignée..., je vous rends aussi la lame.

J'ai toujours cru qu'il était beau de commander à des hommes libres. Les moyens d'intimidation et d'inquisition employés dans l'armée me prouvent que telle n'est pas l'opinion de quelques hommes.

La discipline militaire a un terrain qui lui est propre ; la déplacer, c'est s'exposer à la faire trébucher...

C'est une voie fatale, général, que celle où vous êtes engagé : un précipice est au bout. Vous connaissez mal l'armée, si vous prenez son silence pour de l'approbation ; ce silence est celui de la discipline : prenez bien garde qu'un jour il ne se change en indignation. Dans la position où vous m'avez mis, je représente un principe : celui de la *liberté de l'homme* et de l'*indépendance du citoyen* ; ma cause est donc celle de toute l'armée ; vous auriez dû y songer.

Par votre décision arbitraire, vous avez détruit la carrière d'un officier honorable qui n'avait jamais failli à ses devoirs ; non-seulement vous lui enlevez les fruits de vingt années de services, mais encore vous lui retirez les moyens de soutenir sa vieille mère, dont il est la seule ressource. Il accepte les conséquences d'une conduite qu'il n'a point à renier ; il saura se créer d'autres moyens, quels qu'ils soient ; dût-il piocher la terre, général, il saura honorer la profession quelconque qu'il embrassera.

Mais cet officier que vous avez tenu pour *indigne* de figurer désormais dans les rangs de l'armée française emporte l'estime et les regrets du régiment que vous le forcez à abandonner ; son souvenir y restera. Il rend grâce ici aux témoignages de sympathie qu'il en a reçus. Ces témoignages suffiraient seuls pour le consoler du coup qui l'a atteint. Il excitera les mêmes sentiments, il en est convaincu, chez tous ceux de ses autres frères d'armes de l'armée qui le connaissent.

Jamais aucun officier du 14ᵉ de ligne n'avait été frappé pour des opinions politiques ; il était réservé à la République, *telle que vous l'entendez*, d'en fournir le premier exemple. Je n'aime ni l'éclat ni le bruit : vous m'avez obligé à sortir du cercle dans lequel je voulais me renfermer. Je vous en remercie, général ; car par là vous m'avez donné l'occasion de prouver une fois de plus qu'il existe encore en France des hommes qui ne sont pas tellement absorbés dans la contemplation de leur intérêt qu'ils ne sachent, au besoin, le sacrifier au sentiment de leur dignité et de leur droit.

Salut et fraternité.

BAILLET,
ex-capitaine au 14ᵉ de ligne.

III

M. Baillet, étant en garnison à Verdun, consacrait les loisirs que lui laissait son service à travailler au journal républicain de cette ville, le *Franc-Parleur de la Meuse*. Il y inséra, dans les mois de juin et de juillet 1849 une suite d'articles de fonds dont la publication fut le principal motif de sa destitution. Nous donnons des extraits de ces articles, en choisissant surtout ceux qui ont trait à la discipline militaire et aux questions générales de la politique moderne. En les lisant, on n'y trouvera que les pensées dignes d'un patriote, d'un ami de la discipline militaire, d'un officier citoyen, d'un républicain sérieux, convaincu, trop démocrate pour ne pas être socialiste, mais sachant que le progrès ne peut se réaliser qu'avec le temps. Il n'est pas un bon patriote qui ne s'honorât de signer les articles de M. Baillet.

Les réglements militaires s'opposent, nous le savons, à ce que les membres de l'armée écrivent dans les journaux. Les limites dans lesquelles nous sommes obligés de nous renfermer ne nous permettent pas de discuter la légitimité de cette défense en tant que nécessaire; toutefois, nous dirons : Le capitaine Baillet a été mis en non-activité principalement pour l'une ou l'autre des causes suivantes, et peut-être pour toutes les deux : 1° ou parce qu'il a violé les réglements; 2° ou parce que ses articles contiennent des idées subversives, et par suite dangereuses. Dans le premier cas, les articles incriminés n'étant pas signés, on ne pourrait prouver la violation des réglements, ni par conséquent le condamner sans jugement sur des soupçons qui n'avaient pour appui que des bruits vagues; il y a donc eu arbitraire. Quant au deuxième cas, le lecteur décidera lui-même si les principes posés sont subversifs et dangereux.

Les Éditeurs.

CITOYEN ET SOLDAT.

Pendant plus de quatre cents ans, les armées romaines présentèrent au monde le spectacle le plus beau et le plus mémorable, celui de *soldats citoyens* adorant et défendant la liberté. Soumis *sous les armes* à la discipline militaire la plus sévère, ils étaient hors de là exclusivement citoyens et savaient *exercer* et faire respecter leurs droits *politiques*, aussi bien qu'ils avaient su remplir leurs devoirs militaires et se soumettre à la discipline.

C'est que le Romain était bien pénétré de cette vérité essentiellement républicaine, à savoir : qu'il était un être collectif composé du *soldat* et du *citoyen*. Il comprenait que les droits de celui-ci n'excluaient en rien les devoirs de celui-là. Il était commandé par des magistrats et des officiers, bien convaincus eux-mêmes de cette vérité, parce qu'ils étaient républicains comme lui de cœur, et il n'avait point à redouter qu'ils le plaçassent dans la cruelle alternative de balancer entre ses devoirs de soldat et ceux de citoyen.

Les soldats romains donnèrent un grand exemple de leur *intelligence politique* et de leur amour pour la République, lors de la chute des décemvirs qu'ils contribuèrent puissamment à renverser. Dans cette circonstance décisive, le *soldat* avait fait place au *citoyen*, en remettant son épée dans le fourreau ; car il ne l'avait pas destinée au service de magistrats parjures à leurs serments.

Ce fut un beau temps que celui où cet être collectif fonctionnait librement et sans que l'une de ses deux natures nuisît en rien à l'autre ; où chacun obéissait sans arrière-pensée ni murmure, bien convaincu qu'il était de n'obéir qu'à la loi. Ils étaient rares, en effet les magistrats ou les généraux assez insensés ou assez téméraires pour oser torturer les lois et en faire sortir l'arbitraire et la trahison, plutôt que le droit et la liberté. Le Romain de ces temps mémorables était, sous ce double aspect, l'homme par excellence; car il était à la fois le soldat le plus redoutable sur le champ de bataille et le citoyen le plus intelligent dans la cité; en un mot, il était le concitoyen des Scipions.

Des causes qu'il est inutile de redire ici (qui ne les connaît?) portèrent une atteinte profonde, sous Marius et Sylla, au caractère jusque-là si merveilleusement républicain des Romains. Le *soldat* commença à absorber le *citoyen* et à voir dans un consul plutôt un général qu'un magistrat. La gloire d'un capitaine victorieux l'éblouit, et il s'habitua insensiblement à ne plus envisager la République sous l'emblème de tous *les citoyens réunis*, mais sous celui *d'un seul homme*. Marius et Sylla, César et Pompée, Octave et Antoine marquèrent, suivant des degrés de plus en plus mortels pour la République, cette époque de funeste transition.

Si le sentiment de la gloire avait pu durer, à défaut du sentiment républicain, nul doute que Rome ne se fût conservée avec lui. Mais la nature humaine, une fois pervertie, ne s'arrête plus dans ses écarts et ses erreurs. En élevant sur le pavois les Claude, les Vitellius et les Héliogabale (un imbécile, un ivrogne et un homme en jupon), les légions romaines déshonorèrent leurs enseignes. Depuis longtemps déjà le *citoyen* n'existait plus; le *soldat* mourut aussi alors. On eût cherché en vain l'ombre même de ces valeureux républicains qui avaient vaincu Annibal. Exemple à jamais mémorable et qui prouve que, pour être durable, la gloire doit être unie avec la liberté, c'est-à-dire avec le sentiment de la dignité humaine..

QUESTIONS A QUI DE DROIT.

Laquelle préférez-vous de ces deux éventualités : ou que nos soldats, éclairés par le flambeau de la République, prennent pour modèles les Romains des Scipions ; ou que, restant dans les ténèbres qu'avait commencé à faire autour d'eux la monarchie de Louis-Philippe, ils imitent les légions dégénérées de l'empire ?

Si je posais ces questions à l'armée française, je sais bien ce qu'elle me répondrait, car elle n'attendra pas longtemps pour prouver qu'elle a dans les veines le sang de ces glorieux républicains de 92, dont elle a tant entendu célébrer la gloire et le patriotisme.

Je veux croire que vous êtes républicains et que vous préférez la première des deux éventualités ci-dessus ; cependant, vous agissez comme si vous aimiez mieux la seconde.

Pourquoi, en effet, vous efforcer d'établir une ligne de démarcation, aussi injurieuse aux uns qu'aux autres, entre les soldats et la masse des citoyens ? Vous répondez qu'il n'en est rien, puisque nous participons au suffrage universel avec le reste de la nation. Je sais que l'Assemblée nationale n'a pas voulu nous laisser en dehors du droit commun ; cependant, je ais aussi qu'il est certains citoyens qui voulaient

nous assimiler à des parias (politiquement parlant);
c'était bien aussi un peu votre opinion (beaucoup le
prétendent, au moins).

Mais, puisque vous êtes de vrais républicains;
puisque réellement vous ne tendez pas à établir des
obstacles entre le *soldat* et le *citoyen*, à quoi bon
toutes ces précautions qui se traduisent par des pu-
nitions, des recommandations, des défenses de lire
certains journaux ; en un mot, pourquoi ce système
de compression ? Mais la discipline... Pardon..., je
sais ce que vous allez me répondre. Avant de toucher
un sujet aussi grave, que j'apprécie aussi bien que
vous (car voilà vingt ans que je marche sous les no-
bles drapeaux de notre armée), souffrez que je vous
fasse souvenir, puisque vous l'avez oublié, que les
hommes n'aiment rien tant que ce qu'on leur défend
d'aimer ; cela est une vérité vulgaire. Or, défendre à
nos soldats de lire *le Peuple*, *la République*, etc., etc.,
c'est le meilleur moyen de les jeter dans les bras des
socialistes, dont vous avez tant peur, ou dont vous
affectez tant d'avoir peur. Mais nous parlerons d'eux
plus tard.

Je persiste à croire que vous êtes républicains sin-
cères, quoique vous preniez à tâche, pour ainsi dire,
de prouver que vous ne l'êtes pas ; d'où je conclus
que vous manquez d'habileté et que vous ne compre-
nez rien au mouvement qui entraîne non-seulement
la France, mais encore l'Europe. Si vous agissiez, en
effet, comme de vrais républicains, tous vos efforts
tendraient à grouper l'armée autour de notre nouveau
principe ; au lieu de lui faire envisager le *nom d'un
homme* comme le palladium de la France, vous la

solliciteriez à acclamer la République dans nos solen-
nités nationales ; et, pour cela, il vous suffirait de
donner vous-même l'exemple ; mais, ces trois mots :
Vive la République! sortent à peine de vos lèvres ;
aussi presque tout le monde doute-t-il de vos sentiments républicains. Supposons un instant, qu'au
moyen de l'influence que vous donne la discipline,
vous parveniez à convaincre l'armée que le salut de
la patrie est dans *ce nom*, que je ne veux pas dire,
mais que vous devinez ; si cependant la nation ou
une partie de la nation n'y attache ni les idées, ni
les espérances qu'il vous inspire ; s'il lui convient
d'acclamer tel autre nom qui représente à ses yeux
des idées et des espérances contraires ?... Réfléchis-
sez-y bien : de tout cela, vous ne feriez sortir que
Marius et Sylla, c'est-à-dire la guerre civile !... On
ne doit désormais entendre en France d'autre accla-
mation que celle-ci : *Vive la République !*

DE LA DISCIPLINE MILITAIRE.

Qu'est-ce que la discipline militaire ? Vous répondez : C'est l'obéissance passive. Je réponds, à mon
tour : Nous ne sommes pas des Russes. Nous sommes
Français et républicains ; c'est donc de notre discipline que je vais parler ; car il est évident que les
ressorts qui sont bons pour faire mouvoir des es-
claves ne conviennent pas à des hommes libres.

(Je vous fais observer, avant tout, que je ne suppose pas le soldat dans l'état de guerre, car il est évident qu'en face de l'ennemi *l'obéissance passive* est un devoir sacré et dont la moindre infraction, pouvant quelquefois compromettre toute une armée, doit être réprimée avec la plus grande rigueur.)

Je définis la discipline militaire : l'obligation à tout inférieur d'obéir à l'instant, sans murmurer, à tout ordre de l'autorité renfermé dans les limites des lois et des règlements, et dans des cas purement militaires.

Évidemment, cette définition est la seule acceptable par des hommes qui ont le sentiment de la liberté. Les Grecs n'avaient pas d'autre discipline que celle-là.

Cela étant convenu, je pose cette question : Si mon supérieur voulait me défendre d'écrire à mon père ou à mon frère, devrais-je, en conscience, lui obéir? Cette question est absurde, répondrez-vous ; car le supérieur n'a d'action que sur le *soldat*, et, dans certains cas, sur l'*homme*, en tant que celui-ci est quelquefois intimement lié avec celui-là ; mais il n'en a aucune sur le fils, ni sur le frère. Fort bien... Je vous réponds, à mon tour : que mes devoirs et mes droits de citoyen me sont précieux autant que mes devoirs de fils et de frère ; et, de même que la discipline n'est pas compromise si j'exerce les uns, elle ne l'est pas davantage si j'exerce les autres, quand mon devoir de soldat n'a point à en souffrir.

Cessez donc de trembler pour cette discipline sacrée qui est gravée dans nos cœurs ! C'est vous, imprudents, qui la compromettriez, si elle pouvait péricliter, en laissant soupçonner qu'elle pourrait périr.... ; mais elle ne périra pas. Cessez donc, je vous le dis, cessez de la calomnier et de nous calomnier.

Est-ce donc bien aux officiers, aux sous-officiers et aux soldats les plus intelligents du monde que vous vous adressez? On pourrait en douter. En tous cas, si vous doutez de nous, la main sur le cœur, nous vous dirons : Nous sommes *soldats* et *citoyens*, nous apprécions les obligations imposées par chacun de ces titres que nous nous croyons dignes de porter.

Si vous êtes vous-mêmes républicains, vous devez vouloir une armée républicaine ; car il y aurait absurdité et inconséquence extrêmes à vouloir conserver dans le sein d'une République une armée basée sur des conditions monarchiques ; je dis plus, il y aurait impossibilité. Développez donc dans des limites sensées l'*intelligence politique* de notre armée. Son intelligence politique, direz-vous, mais c'est la subversion de toute bonne discipline militaire... Je vous réponds qu'en ceci vous obéissez encore, sans vous en apercevoir, aux idées monarchiques. Je ne vous en fais pas un crime : on ne se dépouille pas du jour au lendemain, même avec la meilleure volonté du monde, de sa vieille peau ! les habitudes, les idées reçues ont leur puissance, que je ne nie pas. Cependant, comme il faut bien rompre avec elles et rentrer à pleines voiles dans la nature des choses, il est bon de faire connaître la nouvelle voie où nous devons désormais nous engager. Rassurez-vous, du reste ; ce que j'entends par l'intelligence politique de l'armée se réduit tout simplement à ceci : faire distinguer à nos soldats dans quels cas ils sont *citoyens*, dans quels autres cas ils sont exclusivement *soldats*, et les bien pénétrer de cette idée, que les devoirs de ceux-ci n'enlèvent rien aux droits de ceux-là, de même que les droits des premiers n'infirment en rien les devoirs des seconds ; enfin, ne point leur inculquer cette funeste idée, que la nature des uns est antipathique à celle des autres, ce qui est *complétement faux*, ainsi que l'ont surabondamment prouvé les Grecs et les Romains. Les Grecs et les Romains, direz-vous !.... Malgré le sourire sceptique que je vois errer sur vos lèvres, je réponds : oui ! Ils étaient républicains, ce me semble. Ne le sommes-nous pas ? On s'est trop habitué à considérer ces peuples célèbres comme des êtres supérieurs à l'humanité. Habitués que nous sommes, dès notre jeune âge, à nourrir notre esprit des grandes choses qu'ils ont faites, nous continuons à ne les apercevoir qu'à travers le prisme d'une imagination prévenue ; nous les voyons *dieux*, et, en définitive, ils avaient, comme nous, les défauts généraux communs à tous les hommes de tous les temps. Si j'en excepte certaine faction carthaginoise, dont les membres s'inquiètent peu que la France vive au-delà de leur propre existence, pourvu qu'on la leur laisse terminer doucement et tranquillement, j'estime assez mon pays pour être convaincu que ses enfants valent les Grecs et les Romains.

Mais, me direz-vous, par quels moyens voulez-vous développer l'intelligence politique de nos soldats ? C'est bien simple : s'occuper beaucoup du *soldat*, sévir rigoureusement quand il fait infraction à la discipline, et ne pas s'occuper du tout du citoyen ; l'esprit des choses fera le reste.

Maintenant que toute foi monarchique est morte

désormais en France, semez dans les esprits la foi républicaine. Il faut qu'un peuple vive d'une croyance : quand il est arrivé à ce point de douter de tout, il est bien près de *douter de lui-même.* Est-ce là ce que vous voulez ?

Ne jetez donc plus la perturbation dans l'esprit de nos soldats, en faisant intervenir la discipline là où elle n'a que faire, et où elle se nuit à elle-même ; car vous risquez de la faire trébucher sur un terrain qui n'est pas le sien. En effet, si vous prétendez régler ma conscience politique sur la cadence des tambours et sur vos caprices, je vous dirai : Dans toutes les circonstances où je suis sous les armes ou dans la caserne, je ne suis ni monarchiste, ni républicain démocrate, ni socialiste : je suis soldat et vous dois obéissance entière ; car je dois admettre que vous êtes républicains et que vous êtes incapables de m'ordonner rien de contraire aux lois ; que si cependant il arrivait un moment, ce que je ne veux pas croire, mais ce que je dois prévoir, où un homme fou ou téméraire voudrait me faire violer les lois avec la pointe de ma baïonnette... je n'en dis pas davantage. Qu'il se souvienne de 1830, de 1848, et de la chute des décemvirs.

Ne comprimez donc plus, et souvenez-vous bien de cette vérité : Qui sème l'éclair, récoltera la foudre ! (1)

(1) Comme je veux faire à l'obéissance militaire la part la plus large possible, et prévenir par là les réflexions de ceux qui ne manqueront pas de crier à la *destruction de la discipline*, et comme, si l'armée désobéissait dans un cas légitime, il pourrait arriver aussi qu'elle désobéît illégitimement, je dis : Oui, je veux

QU'EST-CE QUE LE SOCIALISME ?

Exploitant avec une grande habileté et une grande perfidie, d'une part, les funestes erreurs de mai et de juin, de l'autre, la frayeur et l'ignorance des masses, la réaction a présenté les socialistes ou républicains rouges (c'est tout un), comme des buveurs de sang, des hommes prêts à piller, incendier, violer, etc. Maintenant que les frayeurs sont à peu près éteintes; maintenant que les esprits, abusés par la peur et de perfides suggestions, commencent à voir clair et à ne plus apercevoir la République à travers le prisme sanglant d'une autre époque déjà bien loin de nous, il est temps de montrer les choses et les hommes sous l'aspect qui leur est propre, et de chasser ces vains fantômes évoqués par la faiblesse, l'ignorance et les éternels ennemis de la République.

Il n'y a pas quatre sortes de républiques, il n'y en a que deux : l'aristocratique et la démocratique. Qu'est-ce, en effet, que l'oligarchie ?... Le despotisme. Qu'est-ce que l'ochlocratie ?... Le chaos...

que l'armée obéisse quand même, dût-elle renverser pour un instant la République.... Mais accordez-moi aussi que quand vingt-quatre heures de réflexion lui auront démontré son crime involontaire, elle aura le droit de retourner ses armes contre ceux qui l'auront ordonné. La question ainsi posée, tout est dit : l'armée *ne désobéira jamais ;* car jamais on ne lui commandera rien de contraire aux lois. Dès lors, plus de défiance du peuple contre le gouvernement, plus d'insurrection ni de révolution.

(Note de l'auteur).

Après soixante années de révolutions, nous avons enfin fondé la République démocratique. Quelques-uns prétendent que c'est trop : ces gens-là ne comprennent rien au mouvement qui entraîne l'Europe dans son tourbillon rapide ; ils regrettent le passé et espèrent encore dans l'avenir. Leur passé est mort sans retour, leur avenir sera celui de tous les Français. D'autres affirment que ce n'est pas assez. Ils ont raison au fond, car vouloir la République sans les conséquences nécessaires qui doivent en découler, ce serait, en donnant au peuple des droits politiques, lui défendre de s'en servir ; ce serait, en un mot, vouloir une cause sans effet ; mais ils ont le tort de mal poser la question en *théorie*, et de vouloir trop la brusquer en *pratique*.

Je prends donc pour base de ce que j'ai à dire la République démocratique, c'est-à-dire la Constitution : elle est tout à la fois une position *défensive* et *offensive*. Défensive contre la réaction, offensive pour marcher en temps utile dans les voies de l'avenir. Ce temps n'est pas éloigné ; il ne manque pas de choses qui frappent à la porte et qu'il serait dangereux de faire attendre trop longtemps.

Je dis donc : la Révolution de Février m'a fait réellement citoyen, c'est-à-dire membre du souverain (car je ne l'étais pas auparavant). Par le vote universel, *conquête politique* et instrument pour des conquêtes sociales, *mon être moral*, en tant que dignité humaine, est satisfait.

Je suis ignorant et pauvre... Si la République me procure les moyens de m'instruire, la Révolution, par le développement de *mon être intellectuel*, m'aura doté d'un deuxième bienfait. Est-ce tout? N'ai-je pas une troisième partie de mon être en souffrance? Voyons:

Il n'est point nécessaire d'avoir lu Montesquieu, il suffit de connaître un peu l'histoire des nations et le cœur humain pour être pénétré de cette vérité: que toutes les lois doivent être conformes à la nature et au principe des gouvernements. Dans une monarchie, dans une république aristocratique, elles tendent toutes au plus grand avantage des classes dominantes; fonctionnant pour ainsi dire comme une pompe aspirante, elles font monter à la surface du corps social la plus grande somme de bien-être, soit intellectuel, soit physique, au détriment des couches inférieures, c'est-à-dire de cette partie de la nation que, dans ces gouvernements de priviléges, on est convenu d'appeler *peuple* : d'où défaut d'équilibre social, et conséquemment oscillations perpétuelles. (L'Angleterre est un modèle du genre.) Or, il n'est pas douteux que le gouvernement renversé en février ne fût une aristocratie, et la pire de toutes, une aristocratie financière. Tout le monde sait quels soins, quelle sollicitude Louis-Philippe a dépensés pour la constituer. Mais nous avons maintenant une République démocratique; les lois désormais ne doivent donc plus être des lois de privilége, mais tendre à introduire cette sorte d'égalité que comporte la nature humaine, en ce qui touche le plus grand *bien-être matériel* possible de tous les Français. Quand ces améliorations, *purement sociales*, auront été produites; quand, avec du courage, de bons bras et une intelligence suffisante, je ne serai plus exposé à mourir de faim, la République m'aura donné le troisième et dernier grand bienfait correspondant à l'une des trois parties essentielles de mon être, que j'ai le droit d'attendre d'elle dans les limites du possible. Mais, du moment que j'ai voix délibérative au chapitre social, nul doute que ma volonté ne soit acquise à ces résultats. Je suis donc forcément *socialiste*, car, ou ce mot ne signifie rien, ou il signifie : *partisan des réformes sociales*... mais il signifie quelque chose.

Cependant, comme l'idée de *démocratie* renferme tout, c'est avec raison qu'on a dit que la réunion de ces deux mots : *démocrate-socialiste*, constituait un pléonasme.

Quelle est, en effet, la signification du mot démocratie ? Il suffit d'ouvrir le dictionnaire pour la trouver exprimée ainsi : *Sorte de gouvernement où le peuple a l'autorité*. (Il faut prendre ici le mot peuple dans son acception la plus étendue, et le considérer comme synonime *d'universalité des citoyens ;* s'il n'en était point ainsi, il n'y aurait pas démocratie.) Mais, du moment que le peuple, cet être collectif composé de tous les citoyens, a l'autorité, il est clair qu'il l'exercera pour son plus *grand intérêt*. Or, si, ce qui n'est pas douteux, la société était tellement organisée sous la monarchie, que la plus grande somme des avantages de tout genre tendait à monter au sommet au préjudice de la base, vous ne dénierez pas au peuple le droit, non pas de dépouiller ceux que les anciennes lois ont favorisés, ce qui serait un crime, mais de disposer les choses de telle sorte que la masse du bien-être dont la France peut gratifier ses enfants, au lieu de se porter en grande partie sur un point de la société, se répartisse plus également entre tous ses membres. N'est-il pas évident, d'après cela, que tout démocrate est forcément *socialiste?* Le socialisme n'est, en effet, que cette partie de la politique démocratique, qui a pour objet les lois relatives au bien-être physique de la société, les autres parties n'ayant trait qu'au bien-être moral et intellectuel. Je dis donc qu'il n'est pas démocrate, et qu'il n'est pas conséquent avec lui-même, celui-là qui s'imagine que tout est dit et que tout est pour le mieux, par cela seul qu'on a conquis le suffrage universel. Il n'est pas démocrate, car il veut conserver au petit nombre, au détriment du grand, le privilége et le monopole des avantages de la vie matérielle. Il n'est pas conséquent, car le suffrage universel ne signifie rien, ou il est un instrument pour arriver au plus grand bien possible ; mais s'il signifie quelque chose, c'est, nous le répétons, mettre dans les mains du peuple cet instrument, et lui dire de ne s'en point servir.

La fraction des républicains démocrates qui s'est dite socialiste, outre qu'elle appartient à cette école qui s'est surtout occupée des questions purement sociales, a voulu bien faire sentir qu'elle ne considérait pas la Révolution de Février comme *politique* seulement, mais aussi comme sociale.

Ce qui distingue les républicains démocrates des socialistes, ce n'est pas qu'ils nient la nécessité des réformes socialistes ; c'est, qu'ayant été surpris et pris au dépourvu par la Révolution, ils n'avaient rien de prêt ou rien de précis à cet égard. Les socialistes, au contraire, avaient des idées générales à peu près arrêtées.

J'ai dit plus haut que les socialistes voulaient trop brusquer les choses en pratique : je le soutiens encore ; d'abord parce qu'il ne me paraît pas qu'ils aient suffisamment mûri leurs idées en ce qui touche le droit au travail, l'impôt progressif, le crédit, les formes de l'association, et autres points qui constituent le corps de leurs doctrines ; ensuite, parce qu'ils ne tiennent pas suffisamment compte, peut-être, des intérêts à déplacer. Qu'ils me permettent ici une comparaison : quand un jardinier veut se débarrasser d'un arbre qui ne lui est plus utile, il ne va pas le heurter brutalement et sans préparations préliminaires, s'il tient encore solidement au sol ; car non-seulement il ne le renverserait pas, quelque vigoureux qu'il fût d'ailleurs, mais encore il se blesserait. Mais il prend une pioche, déblaie la terre qui presse son tronc, et coupe une à une ses racines ; dans un moment donné, il lui suffit alors de le pousser du doigt pour le jeter par terre. Que les socialistes imitent ce jardinier, et je leur garantis qu'ils parviendront à renverser tous ces arbres vieillis qui ne portent plus de fruits, ou au moins qui ne sont pas capables d'en porter pour tout le monde. Mais il est encore une recommandation que je me permettrai de leur adresser : c'est d'avoir sous la main des arbres capables de remplacer immédiatement et avantageusement ceux qu'ils auront détruits ; car, en définitive, mieux vaut encore un arbre qui porte peu de fruits qu'un arbre qui en porterait beaucoup, mais dont la mauvaise qualité m'exposerait à mourir de faim si je ne pouvais m'en nourrir.

La grande majorité du peuple souffre, cela n'est

malheureusement pas douteux ; il n'y a que les égoïstes ou ceux des heureux de la terre qui sont placés trop haut pour s'en apercevoir qui n'y font pas attention. Mais outre qu'avec de la patience ceux qui souffrent obtiendront plus et plus vite qu'en voulant tout changer subitement, il est bon qu'ils trouvent des consolations à ne pouvoir tout obtenir pour eux-mêmes, en supposant que cela soit impossible, dans l'espérance et la certitude que leurs enfants au moins profiteront de leurs travaux et seront plus heureux. Trop de précipitation, trop d'ardeur à se procurer des améliorations, quelque légitimes qu'elles soient d'ailleurs, outre qu'elles compromettraient ces améliorations pour eux-mêmes et pour leurs enfants, les feraient accuser, par ces égoïstes ou ces heureux dont je parlais tout à l'heure, d'être mûs, pour acquérir, par un sentiment de personnalité tout aussi exclusif que celui qu'on reproche à ces derniers dans le but de conserver.

Ce que je viens de dire ne s'adresse pas moins aux chefs du parti socialiste qu'aux masses dont ils veulent améliorer le sort. En effet, parmi nos adversaires, il est des hommes qui trouvent que tout est bien, parce qu'ils n'ont rien à désirer ; des hommes qui, pour éviter des améliorations sociales qui les dépouilleraient de leurs priviléges, accepteraient sans rougir l'intervention cosaque, si cette intervention pouvait les faire triompher ; des hommes enfin qui constituent chez nous une faction carthaginoise qui n'envie rien à son modèle, et qui, par cela seul que leurs actions s'appuient sur tout ce que le cœur humain a de petit et d'anti-généreux, ne peuvent imaginer qu'il

en soit autrement des autres hommes ; des scepti-
ques, en un mot, qui, niant tout ce qu'ils ne sentent
ni ne comprennent, cherchent à noircir, auprès des
simples et des crédules, les sentiments qui animent
les vrais soutiens de la République. A les en croire,
tous ces orateurs, tous ces écrivains, qui combattent
de leur parole et de leur plume pour le triomphe de
la révolution, ne sont animés que par une ambition
immodérée et égoïste, et par l'amour du désordre et
de l'anarchie ; tous ces prolétaires qui, pendant tant
de siècles, ont servi de marche-pied à toutes les aris-
tocraties, oligarchies et monarchies de l'univers, n'at-
tendent que le moment opportun pour se jeter comme
des bêtes féroces sur leur proie.

Qu'il se trouve parmi les organes du socialisme des
hommes exagérés (exagérés quant à nos idées ac-
tuelles au moins), c'est évident ; qu'il se trouve aussi
parmi eux quelques hommes qui obéissent plutôt à
une ambition égoïste et à un désir de faire du bruit,
qu'à des sentiments de générosité et d'abnégation, je
ne le nierai pas. Ne grossissons pas le mal, cependant ;
ces hommes sont en très-petit nombre, et d'ailleurs
sont peu à craindre. Ce n'est pas, en effet, avec de
l'égoïsme et une vulgaire ambition qu'on médite de
grandes choses et qu'on les exécute ; c'est avec une
âme chaleureuse, un cœur généreux et une grande
abnégation. Les Catilina sont beaucoup plus rares
que ne voudraient le faire croire tous ces prédica-
teurs de l'ordre qui disent : « Hors de nous, pas de
salut. » Que n'a-t-on pas dit, sous Louis-Philippe, de
ces républicains qui, pour préparer l'avénement de
la République, ont si souvent et si imprudemment

exposé leur vie, et même la cause pour laquelle ils combattaient? Qui ne se rappelle les accents partis de leur cœur et de leur âme, au milieu des procès sans nombre dont ils furent accablés? L'égoïsme est en général trop calculateur pour jouer son va-tout sur un coup de dé. Il est une chose qu'on ne pourra jamais refuser aux républicains de toutes les nuances, c'est d'être surtout animés par un grand amour de l'humanité, et de bien comprendre et sentir les grandes choses. Le plus grand tort de ces hommes (mais en est-ce un?), c'est d'attaquer franchement, hardiment des idées reçues, des faits depuis longtemps acceptés et défendus par ceux qui ont intérêt immédiat à les voir se maintenir; c'est aussi de ne pas tenir assez de compte des difficultés à vaincre et des intérêts à ménager. Je ne nierai certainement pas qu'au milieu des préoccupations les plus généreuses et les plus désintéressées, il ne se glisse quelque ambition; on a toujours, pour le moins, celle de faire appliquer des projets qu'on croit bons. Cependant, il faut distinguer: en effet, entre l'ambition des Brutus et celle des César, n'établira-t-on pas une différence? Qu'on y songe.

Qu'il se trouve parmi les prolétaires quelques hommes paresseux et pervers, rêvant une subversion sociale pour satisfaire des passions qui n'osent se montrer dans une société régulièrement organisée, ceci n'est pas douteux; mais faites bien attention, vous qui faites la règle générale de l'exception, que vous n'agiriez pas autrement, si vous étiez payés, pour propager cette idée: que la majorité de la nation française est une réunion de brigands.

Le Christianisme, on ne peut le nier, est la source

de tous les progrès, soit moraux, soit intellectuels, soit matériels, qui se sont produits depuis son apparition sur la terre, et la sera de tous ceux qui se produiront encore. Le socialisme, renfermé dans la définition générale que j'en ai donnée, n'est autre chose que la continuation nécessaire et logique de ces progrès qui, je le répète, doivent surtout porter sur les moyens de développer désormais l'intelligence des masses et leur bien-être matériel.

Il est un rapprochement remarquable que l'on peut faire entre le socialisme, tel qu'il est aujourd'hui, poursuivi, traqué d'une part, et de l'autre minant sourdement la société actuelle dans sa base, et le Christianisme à l'époque où Julien s'efforça de le détruire. Ecoutons Chateaubriand dans ses études historiques :

« Julien, qui n'aurait pu reconnaître la vérité chré-
« tienne parmi des hommes qui ne s'entendaient pas
« sur la nature du Christ, put donc croire qu'il sup-
« primerait à la fois tous les maux en étouffant toutes
« les sectes sous l'ancien culte : erreur d'un juge
« préoccupé qui prit *les effets* pour *la cause ;* qui ne
« vit que l'*extérieur des troubles ;* qui ne fût frappé
« que du mouvement à la surface, et n'aperçut *pas*
« *l'idée immobile* reposant au fond de ces troubles.
« Une révolution était accomplie, un changement
« opéré dans l'espèce humaine. »

Plus loin, il dit encore ces paroles remarquables de vérité et d'à-propos :

« L'embarras des chrétiens devant leurs pères
« païens offre une ressemblance singulière avec ce
« qui se passe de nos jours entre les *anciennes géné-*
« *rations* et les *générations nouvelles ;* les premières ne

« comprennent point et ne comprendront pas ce qui
« est clair et accompli pour les secondes. Le Christia-
« nisme, véritable liberté sous tous les rapports, pa-
« raissait, aux vieux idolâtres nourris au despotisme
« politique et religieux, une *nouveauté détestable;* ce
« progrès de l'espèce humaine était dénoncé comme
« *une subversion de tous les principes sociaux.* »

Si on appliquait ce passage à la Révolution française, et surtout à ce qui se produit aujourd'hui dans
sa nouvelle période, ne verrait-on pas, en effet :
1° les mêmes dissidences entre les diverses fractions
du parti républicain, telles que républicains *bleus,*
républicains *rouges,* démocrates, socialistes ; et quoique chacune de ces nuances veuille la même chose au
fond, c'est-à-dire des améliorations sociales, ne dif-
fèrent-elles pas par la forme ? 2° Les ennemis du socialisme ne font-ils pas comme Julien, qui prenait les
effets pour la cause, qui ne voyait que l'*extérieur des
troubles* et n'apercevait pas l'idée reposant au fond
de ces troubles ? 3° Les réactionnaires ou les anciennes générations ne considèrent-elles pas ou ne fei-
gnent-elles pas de considérer les idées nouvelles
comme subversives de tous les principes sociaux ?

Napoléon, la Restauration, Louis-Philippe ont-ils
tué les révolutions ? Ils n'ont pas mieux réussi contre
elles que Julien contre le Christianisme, et leurs pâles
copistes ne réussiront pas davantage. Les persécutions ne feront qu'augmenter la résistance et propager l'idée. Cette dernière vérité est bien vieille, et
cependant on ne l'aperçoit jamais que quand elle a
produit ses résultats. On tue les hommes, mais on
ne tue pas les idées.

C'est bien moins encore les doctrines des socialistes qui effraient que l'intention qu'on leur suppose de tout emporter par l'insurrection, sans considérations aucunes de temps et de circonstances. La perspective n'est sans doute pas rassurante, et il importe au parti socialiste de faire disparaître ces craintes. Qu'il prenne l'engagement formel de s'abstenir de toute tentative violente, d'attendre tout du bénéfice du temps et du suffrage universel ; je ne crains pas d'affirmer qu'avant peu il aura conquis les vingt-quatre vingt-cinquièmes de la France. Cependant, il importe aussi que le parti réactionnaire s'arrête dans la voie où il s'est engagé. Mais n'est-ce pas demander à la nature humaine ce qu'elle ne peut donner ?

Pour moi, qui crois que les idées vraies le sont indépendamment de toute circonstance extérieure ; pour moi, qui crois que l'avenir appartient au socialisme ; qui crois que l'insurrection est un crime sous l'empire du suffrage universel, tant que la République n'est pas directement menacée, je le dis ici : *Je suis socialiste ;* tout vrai républicain doit l'être.

Avant de terminer, je répéterai encore à ces hommes, qui ne voient de salut que dans la compression : Cessez, cessez de comprimer, il en est temps. Au lieu de restreindre dans d'étroites digues ce torrent révolutionnaire qui envahit l'Europe depuis un an, élargissez-le, dirigez-en le cours, si vous ne voulez que, rompant les obstacles dans lesquels vous voulez l'emprisonner, il ne vous engloutisse, après avoir marqué son passage que par des débris et des ruines.

Les articles précédents avaient paru dans les numéros du *Franc-Parleur* des 4, 6, 8 et 11 juin, sous le titre de : *Questions à l'ordre du jour.* Nous les avons reproduits presque textuellement. Dans les numéros du 4 au 30 juillet, il en parut une nouvelle série à propos du *Message du président*, où M. Baillet passait en revue toute la politique extérieure de la France. Nous n'en avons extrait que ce qui offre un intérêt général et permanent. On y retrouvera les mêmes sentiments, le même patriotisme, et nous osons ajouter la même raison. Et pourtant c'est pour avoir écrit ces articles qu'on a arraché son épaulette à un homme qui l'avait conquise par dix-neuf années de bons services! Voilà la position de nos officiers, voilà les persécutions auxquelles ils sont exposés! Une telle législation peut-elle durer sous une République? — La justice, la justice partout, dans l'armée comme dans la société politique, comme dans la société civile, comme dans l'industrie, M. Baillet ne réclame pas autre chose, et nous le réclamons avec lui.

Les Éditeurs.

POLITIQUE EXTÉRIEURE

DE LA FRANCE.

La France a quelquefois laissé sommeiller ses instincts de liberté; jamais elle n'a abdiqué ses susceptibilités nationales. Napoléon, sortant de la tourmente révolutionnnaire comme génie de l'ordre et appuyé sur sa gloire, put faire accepter son despotisme. Mais les Bourbons, ramenés par l'étranger et considérés comme le terme extrême de notre humiliation et de nos désastres, tombèrent en 1830 aux applaudissements de tous les vrais Français. La violation de la Charte fut plutôt l'occasion que la cause de leur chute ; la véritable cause remontait à 1814 et 1815. Louis-Philippe, agenouillé pour ainsi dire devant l'Europe pendant dix-huit ans, pour obtenir le pardon de notre révolution de Juillet, disparut au milieu du mépris de tous ceux qui avaient conservé quelque sentiment de l'honneur national. Ces deux révolutions eurent leur source, plus encore dans les blessures faites à ce sentiment, que dans des aspirations à la liberté. C'est donc *la politique extérieure*, on ne saurait trop s'en souvenir, qui a tué les Bourbons des deux branches. En France, nous savons beaucoup accorder et beaucoup pardonner à qui sait nous faire respecter : nous sommes inexorables pour qui oublie ou ignore que nous estimons notre considération extérieure à l'égal de notre liberté. Notre ressentiment sommeille quelquefois, mais tôt ou tard il se réveille terrible, inflexible.

Toute bonne politique extérieure se meut d'après un principe constant et qui n'a d'autres limites que celles des circonstances mêmes où il se développe. Des accidents particuliers peuvent quelquefois le faire fléchir; mais il est invariable dans son allure générale. Chaque Etat doit en avoir un qui lui soit propre. Le principe de la politique extérieure des Romains avait pour *but* la conquête; il avait pour *stimulant* l'amour de la gloire : ils ne s'en écartèrent jamais. En lisant attentivement leur histoire, on voit toutes leurs actions en découler : le succès couronna leur persévérance.

Le principe de la politique russe est le même que le précédent. Depuis Pierre-le-Grand, les czars s'y sont conformés avec habileté ; mais ce prince a méconnu les temps modernes : la conquête matérielle du monde ne nous paraît plus possible.

Le principe de la politique anglaise a pour but le monopole du commerce, et par extension la conquête : il a l'amour du gain pour stimulant. On ne peut nier que les Anglais n'en aient recueilli de grands résultats.

La Révolution de 89 surtout a fixé le principe qui doit faire mouvoir notre politique extérieure : il a pour but *la liberté* et *l'émancipation* des peuples; son stimulant est *l'amour de l'humanité*, ou, si on l'aime mieux, *la générosité*. On sait comment, après 1830, Louis-Philippe le pratiqua. Erigeant l'égoïsme en système, il dit : *Chacun pour soi, chacun chez soi.* Miserable maxime, qui, passant du général au particulier, a produit des effets désastreux, en rapetissant les caractères et les idées, et en corrompant ce fond de générosité expansive qui est un des points les plus saillants du caractère français.

Il doit donc être bien entendu que ce principe sera la base sur laquelle nous appuierons notre critique de la politique suivie depuis Février. Que si quelques hommes superficiels, ou de mauvaise foi, prétendent, d'après ce qui va suivre, que la guerre est un singulier moyen de manifester son amour de l'humanité, et nous accusent de contradiction, nous répondrons : que nous ne sommes pas cause si la guerre est fatalement et presque toujours le principal instrument de l'homme pour mettre à exécution, même les meilleures et les plus belles entreprises. Nous ne pouvons qu'y faire et regrettons beaucoup qu'il n'en puisse être autrement, tout en espérant qu'il viendra un jour où cette raison suprême des peuples ne pèsera ni aussi souvent ni aussi lourdement dans les affaires de l'humanité.

Il doit être encore bien entendu que nous considérons l'Europe arrivée à ce point, où toutes les nationalités diverses qui la constituent tendent invinciblement à conquérir leur liberté et leur indépendance. Les guerres de Hongrie, d'Italie et de Sicile, les mouvements intérieurs de l'Allemagne, sont les manifestations les plus caractéristiques de ces vérités. Tout ce que nous allons dire découlera nécessairement et naturellement de ce qui précède. Ces différents points bien connus, nous continuons.

La Révolution de Février, les conséquences immédiates et extraordinaires qu'elle a eues, auraient dû ouvrir les yeux aux moins clairvoyants. Il est devenu évident que les peuples européens sont comme les membres d'un grand corps dont la France est le cœur, et qu'il n'y a de vie et d'énergie dans ceux-là qu'à la condition qu'il y en aura d'abord dans celui-ci (car, si, ce qu'on prétend, il y a en Allemagne une appréciation plus raisonnée de la démocratie, nous en avons davantage l'instinct ; c'est ce qui a fait de nous, depuis longtemps, les vrais pionniers de l'Europe dans la voie de la liberté). En un mot, l'Europe est un tout, dont, au point de vue des idées politiques et sociales, toutes les parties tendent de plus en plus à la plus grande homogénéité possible.

Après avoir donné tant de fois aux nations européennes l'exemple de l'initiative révolutionnaire, nous leur devions bien au moins de les soutenir de notre influence morale et de notre attitude, sinon de notre force matérielle. Nous ne devions avoir recours à cette dernière force qu'autant qu'elle eût été sollicitée par le vœu non équivoque d'un peuple, ou par le sentiment bien entendu de notre conservation.

Le vieux préjugé qui nous signalait au monde comme animés de la manie des conquêtes rendit d'abord fort délicate la position du gouvernement provisoire. Si d'une part, en effet, il était de notre intérêt d'encourager moralement tous ces mouvements révolutionnaires nés du nôtre; de l'autre, la moindre initiative hostile contre les gouvernements pouvait servir de prétexte aux souverains absolus, pour ranimer les justes susceptibilités nationales de leurs populations, et leur foi dans ce préjugé dont nous avons parlé. Le manifeste de M. de Lamartine parut : ce fut un coup très-habile dans un moment où la présence d'une seule baïonnette française sur nos frontières aurait pu dénaturer les vrais mobiles de notre politique étrangère.

Délivrés de toutes craintes extérieures, les peuples allemands pouvaient concentrer leurs efforts à l'intérieur : c'est ce qu'ils firent, et l'on vit se propager dans l'Europe les différentes révolutions que nous savons......

Les trois gouvernements qui ont précédé celui du

10 décembre ont eu tant à faire au dedans, qu'on pourrait leur pardonner de n'avoir pas suffisamment agi peut-être au dehors. Cependant on a prétendu que, sans les funestes événements de juin 1848, la Commission exécutive devait intervenir en Italie ; nous sommes disposés à le croire. Nous dirons plus loin le moment où, de février à décembre, la République a eu l'occasion d'entreprendre légitimement la guerre.

L'élection du 10 décembre donnait au nouveau gouvernement une force et une liberté d'action dont il pouvait user largement. A-t-il suivi la voie que lui indiquait le principe même de notre révolution ? Une phrase du message du président à l'Assemblée nationale va nous le dire : elle est comme le résumé succinct de la politique étrangère suivie jusqu'ici :

« Il est dans la destinée de la France d'ébranler le « monde lorsqu'elle se remue et de le calmer lors- « qu'elle se modère. Aussi l'Europe nous rend-elle « *responsables* de son repos et de son agitation. Cette « responsabilité nous impose de grands devoirs et « domine *notre situation.* »

Le secret de la politique du président est tout entier là. Comment des hommes sérieux ont-ils pu se décider à découvrir aux gouvernements étrangers, et d'une manière aussi précise, le fond de leur pensée ? C'est ce que nous ne pourrons jamais expliquer. Louis-Philippe ne pensait pas autrement sans doute, mais il ne l'a jamais, que nous sachions, dit en face de l'Europe. Les souverains absolus savent à quoi s'en tenir désormais ; ils connaissent le défaut de la cuirasse de notre gouvernement. Etait-ce donc pour faire plus mal que le roi déchu qu'on tentait, à Strasbourg et à Boulogne, une révolution qui devait *agiter l'Europe et troubler son repos?*

Ainsi, voilà qui est bien clair : la France, qui en 89 inaugura un monde nouveau ; qui, pour continuer sa noble, généreuse et providentielle mission, et, conduite par Napoléon (grand révolutionnaire couronné, quoi qu'on dise), arrosait de son sang les quatre parties du monde ; la France est signalée à l'univers, par son premier magistrat, comme un enfant fantasque qui, dans ses aveugles emportements, bouleverse et brise tout ce qui l'entoure.

Ces idées puissantes et régénératrices, que nous devons à des génies immortels, qui seront à jamais la gloire et l'honneur de la patrie et de l'humanité ; ces idées, que nous avons sucées pour ainsi dire avec le lait de nos mères, ne sont plus que des fantaisies dangereuses qu'il faut bien vite comprimer, pour la plus grande satisfaction de LL. MM. les empereurs et rois !

Allons, Français ! écoliers turbulents et incorrigibles, à genoux ! demandez pardon aux potentats de l'Europe, dont vous troublez sans cesse le sommeil... N'êtes-vous pas *responsables* de leur repos ?

Rousseau, Voltaire, Montesquieu, et vous tous, grands instituteurs des nations, frémissez dans vos tombes ! C'est vous qui devez principalement compte à l'Europe d'avoir osé méditer son émancipation. N'avez-vous pas porté vos mains téméraires et *insensées* sur les langes qui la comprimaient ? Pour vous punir de ces *forfaits*, vos cendres *impies* vont sans doute être jetées à tous les vents !

Toi-même, ô Napoléon, leur exécuteur testamentaire... toi qui fus, s'en t'en douter peut-être, le puissant démolisseur du vieux monde, tremble dans ton glorieux cercueil! Tes foudres populaires n'ont-elles pas, pendant vingt années, sillonné tous les trônes? Tes armées, dans leurs courses conquérantes, n'ont-elles pas semé, avec leurs ossements, ces *idées funestes* dont les puissantes moissons s'agitent et ondulent au souffle de la France? Il ne te sera tenu compte, ni de ta couronne impériale, ni de ton despotisme, qui devaient cependant te faire absoudre... N'ont-ils pas donné plus de puissance et de liberté aux coups que ton bras assénait sur le front des rois?

Telles sont les singulières conséquences que nous sommes en droit de déduire de cette *responsabilité* qui domine *notre situation*. A l'œuvre donc, citoyen président; reconstruisez la France..... ramassez, rassemblez les vieux débris dispersés par elle aux quatre points cardinaux du monde, et rebâtissez-la telle qu'elle fut sous Louis XV; car si nos révolutions de 1830 et de 1848 ont été des crimes de lèse-humanité, nous ne savons pas que celle de 89 soit moins coupable qu'elle. Si vous maudissez les filles, maudissez aussi la mère!... Le sang de celles-là n'est-il pas le sang de celle-ci?...

Nous avons déjà dit que les gouvernements qui avaient précédé l'élection du dix décembre avaient eu tant à faire au-dedans qu'ils n'avaient pu peut-être porter toute l'attention nécessaire au-dehors. Aussi, ne sommes-nous pas éloignés de dire avec le message du président : «Oui, ils eurent raison de ne

pas jeter la France dans une guerre dont tous les
éléments n'étaient pas encore bien connus. » Toutefois, nous laissons à décider si, entre février et décembre, la guerre étant considérée comme *nécessaire*,
et l'occasion de l'entreprendre dans de bonnes conditions s'étant présentée, on n'eût pas évité par cela
seul les violentes secousses intérieures que nous
avons rappelées. En effet, en temps de révolutions, il
existe dans le sein d'une nation tant de passions ar-
dentes, bonnes et mauvaises, qu'il est souvent de la
prudence et de l'habileté d'un gouvernement de leur
créer une issue par où elles puissent s'échapper avec
utilité pour la chose publique ; on évite par là qu'elles
ne s'exercent à l'intérieur à son préjudice. Dans de
tels moments, la guerre, alors qu'on a déjà pour l'entreprendre des raisons d'un ordre plus élevé et plus
moral, remplit (qu'on nous permette la comparaison)
dans la société, le même office que la soupape de sû-
reté dans une machine à vapeur.

Nous ne nous dissimulons pas qu'il aurait été diffi-
cile pour le gouvernement provisoire d'entreprendre
la guerre, en admettant même qu'il en eût possédé
les moyens matériels. Quels prétextes, en effet, ou
quelles raisons sérieuses aurait-il invoqués ? Fallait-il
entrer brutalement en Italie et en Allemagne pour
imposer la République à tort et à travers ? C'eût été
absurde et nous eussions manqué notre but. Ce qu'il
importait de faire alors, c'était de manifester nos
sympathies pour tout mouvement révolutionnaire
qui eût été évidemment le produit de la majorité, et,
puisqu'on ne pouvait agir encore directement, faire
respecter rigoureusement le principe de *non interven-*

tion. On laissait ainsi les peuples et les gouvernements régler entre eux leurs différends, jusqu'au moment où le sentiment bien entendu de notre conservation et les circonstances nous eussent fait une loi d'agir et de répondre à l'appel d'un peuple réduit aux abois. Qu'eussions-nous fait, en définitive, que n'ait fait dernièrement la Russie vis-à-vis de l'Autriche! Eh quoi! nous ne tenterions pas, pour le triomphe de notre principe, ce que les rois font pour le maintien du principe monarchique!

Nous n'avons pas la prétention d'assigner le moment où, de février à décembre, la République aurait pu agir; ceux qui tiennent dans leurs mains tous les fils de la politique et de la diplomatie, les gouvernements, sont seuls aptes à saisir l'opportunité, s'ils ont une politique de prévoyance; mais nous avons la conviction que ce moment décisif s'est présenté, et que pour des raisons que nous ne pouvons encore apprécier à leur juste valeur, on l'a laissé échapper. Si nous osions émettre nos idées sur ce grave sujet, nous dirions que la rentrée des Autrichiens à Milan a marqué pour nous l'instant décisif de l'action directe. La mauvaise volonté de Charles-Albert ne devait plus nous arrêter. Ce prince n'ayant pu réussir à chasser lui-même les Autrichiens de l'Italie, et ce résultat étant pour nous une nécessité de conservation ou au moins de sécurité pour l'avenir, il fallait l'obtenir *quand même* en jetant deux cent mille hommes dans la balance. La guerre devenait générale, nous en convenons, mais nous la faisions avec la certitude d'être appuyés par les peuples.

Voyons maintenant si, pour prendre cette détermination suprême, nous avions pour nous le *droit* et la *nécessité ;* car nous avons pour principe qu'on ne doit s'engager dans une grande guerre qu'autant qu'on a l'un et l'autre pour soi.

Posons d'abord ces questions : Où commence le droit de faire la guerre ? où finit-il ? quand peut-on invoquer la nécessité ? Montesquieu va les résoudre (1) :

« La vie des Etats est comme celle des hommes. Ceux-ci ont droit de tuer dans le cas de la défense naturelle ; ceux-là ont droit de faire la guerre pour leur *propre conservation.*

« Dans le cas de la défense naturelle, j'ai droit de tuer, parce que ma vie est à moi, comme la vie de celui qui m'attaque est à lui ; de même, un Etat fait la guerre, parce que sa conservation est juste comme toute autre conservation.

« Entre les citoyens, le droit de la défense naturelle n'emporte point avec lui la nécessité de l'attaque. Au lieu d'attaquer, ils n'ont qu'à recourir aux tribunaux. Ils ne peuvent donc exercer le droit de cette défense que dans les cas momentanés où l'on serait perdu si l'on attendait le secours des lois. Mais entre les sociétés le droit de la défense naturelle entraîne quelquefois *la nécessité d'attaquer,* lorsqu'un peuple voit qu'une plus longue paix en mettrait un autre en état de le détruire, et que l'attaque est dans ce moment le seul moyen d'empêcher cette destruction. »

Le droit étant bien déterminé, en tant qu'absolu, il reste donc à décider s'il y a eu, dans un moment donné, et s'il y a encore *nécessité* rigoureuse de faire

(1) Esprit des lois, livre X, ch. 2.

la guerre, fût-elle même générale, tout autre moyen de conjurer les événements étant ou dangereux ou insuffisant. Il est bien entendu que par sa nature cette guerre est toute de *principe* quant à la forme, et de *conservation* pour nous quant au fond ; la conquête n'y est pour rien ; c'est, en un mot, une guerre de *Peuples à Rois*. Le danger étant pour nous dans les rois, il est clair que c'est eux que nous voulons atteindre, et qu'une fois ce résultat obtenu avec le secours des peuples, nous rentrons sur notre territoire, laissant à ces derniers, autant que les circonstances ou leur propre volonté le permettront, le droit de se constituer de telle sorte que leurs gouvernements ne soient plus pour nous un danger permanent ; c'est-à-dire qu'ils se rapprochent le plus possible du nôtre. Or, sur ce dernier point, nous pourrons être tranquilles ; ils prendront celui qui offrira le plus de garanties à eux comme à nous-mêmes...

Nous ferions en faveur des peuples, dans cette circonstance, ce que la Sainte-Alliance a fait contre nous en 1814 et 1815. Elle avait voulu raffermir les trônes, nous voulons fonder ou raffermir la liberté partout où notre intérêt et les vœux des peuples nous appellent : soyons donc aussi conséquents que nos ennemis. Nous ne voyons rien dans tout cela que de très-raisonnable ; car nous avons bien le droit de faire, pour la liberté de l'Europe et notre conservation qui s'y rattache, ce qu'ont fait et font les rois contre la liberté de l'Europe, en faveur de leurs intérêts dynastiques et de leur propre conservation. En effet, supposons un instant, ce qui est possible peut-être, que les princes allemands, aidés de la Russie, parviennent à comprimer la révolution qui les travaille. Admettons aussi qu'après avoir bien raffermi chez eux ce qu'ils sont convenus d'appeler l'*ordre* (ce que nous appelons *les intérêts de dynastie et de privilége*), ils s'unissent contre nous pour en *finir* avec la France, qui n'est à leurs yeux qu'un foyer de *désordre* : supposons encore que nous soyons écrasés ; pense-t-on qu'ils se borneront à nous imposer un gouvernement monarchique quelconque ? Erreur !... Ne nous.ont-ils pas imposé deux fois les Bourbons que nous avons renversés deux fois ? Que feront-ils donc de nous ? *La réponse est en Pologne !...*

Nous n'ignorons pas qu'il est des hommes de bonne foi, mais aveugles, qui prétendent que la France n'a personnellement rien à craindre, et que, cela fût-il, le danger est très-éloigné. Nous répondrons à ces hommes habitués à *vivre au jour le jour* : Le danger *est éloigné ?*... Nous ne le croyons pas, mais nous vous faisons cette concession ; cependant il existe. Mais puisqu'il existe, quelle limite assignez-vous à son apparition ? Deux ans... cinq ans... dix ans... vingt ans ? Nous ferons ici, contre notre propre conviction, la part la plus large, en adoptant la dernière limite ; mais nous poserons cette question : s'il était prouvé qu'à cette époque une lutte à mort dût s'engager entre la France d'une part, et de l'autre les souverains de l'Europe qui seraient parvenus à raffermir leur autorité sur une base solide ; si, pour mettre les choses au mieux, nous admettons de part et d'autre autant de chances pour la victoire que pour la défaite, où serait la prudence ? à faire la guerre maintenant, alors que toutes les chances sont pour nous, ou à attendre vingt ans, alors que les chances ne seraient plus qu'égales? Ceux qui, par peur, par indifférence ou par égoïsme, préfèrent vivre au jour le jour, et mettent leur tranquillité personnelle avant *l'avenir de la patrie*, ceux-là disent : *Il faut attendre...* Mais ceux qui étendent *l'existence de la patrie* au delà de la leur propre, ceux-là diront : *Il ne faut pas attendre*. Nous dirons encore à ces hommes qui affirment que la France n'a rien à craindre des rois étrangers : Mettez la main sur votre cœur... appréciez et comptez bien la nature et le nombre de ses pulsations; peut-être trouverez-vous que votre *sécurité* n'est que votre *lâcheté*, ou pour le moins votre *indifférence* pour l'avenir de notre pays.

C'est en prévoyant *les chances de l'avenir* que Rome éleva le magnifique édifice de sa puissance; c'est en prévoyant les chances de l'avenir que les Anglais ont atteint le but que nous savons ; c'est enfin en prévoyant les chances de l'avenir que Pierre-le-Grand indiquait à ses successeurs la marche qu'ils ont suivie si habilement, et dont nous voyons se développer aujourd'hui les vastes conséquences. . .

. . . .
. . . .
. . . .
. . . .

Dans la suite de son travail, l'auteur examinait attentivement les diverses phases de la guerre d'Italie et de celle de Hongrie, qui était encore pendante, et il signalait surtout celle de Rome comme l'écueil capital où allaient se briser notre honneur et notre influence. Nous n'avons pas cru devoir reproduire des discussions aujourd'hui inutiles, mais nous donnons la conclusion du travail, parce qu'elle a un caractère de généralité et une largeur de vues qui peuvent en rendre la lecture féconde.

Les Éditeurs.

CONCLUSION.

Avant de nous taire, nous ajouterons quelques réflexions aux précédentes ; elles en seront comme le complément.

Nous croyons avoir déterminé exactement : 1° (ce que tous les hommes de bonne foi sont forcés d'avouer, car il n'est pas même besoin d'être républicain par caractère pour le comprendre) d'après quel principe doit se mouvoir notre politique extérieure ;

2° Que ce sont les fautes commises contre le principe républicain, à l'extérieur, qui ont été la cause de nos dissensions intérieures depuis février, bien plus que les désirs de *réformes sociales*, qui ne peuvent manquer de découler nécessairement et sans violence de la pratique *sincère* et *éclairée* de ce principe triplement régénérateur, moralement, intellectuellement et matériellement.

3° Que la guerre étant à nos yeux le seul moyen efficace de faire triompher définitivement ce principe, par l'appui qu'il prêterait aux peuples contre les rois qui en sont les seuls ennemis, sa *nécessité* peut être considérée comme un axiôme et son avénement comme inévitable.

4° Enfin, que *la politique de paix quand même* suivie jusqu'ici, et surtout depuis six mois, est subversive de *l'ordre,* et compromet non-seulement la *République* dans le présent, mais avec elle aussi, et dans un avenir très-rapproché peut-être, l'avenir de la *France.*

Le gouvernement du 10 décembre trouva la France calme et attendant ses premiers actes pour le juger : ceux qui rêvent le retour de la monarchie, pour apprécier quel fonds ils pouvaient faire sur lui ; les républicains de la veille et du lendemain, pour se convaincre s'il était lui-même républicain.

Nous aimons à croire à la loyauté des hommes en général (ceux qui n'ont foi en rien, si ce n'est dans ce que le cœur humain a de mauvais, nous accuseront *d'optimisme ;* nous acceptons d'avance l'épithète, car nous sommes convaincu que quand les hommes sont mauvais, la faute en est surtout aux gouvernements, soit parce qu'ils sont mauvais eux-mêmes, soit parce qu'ils manquent d'intelligence), et nous croyons sans arrière-pensée à celle de tel ou tel homme en particulier, jusqu'au moment où il nous est prouvé jusqu'à l'évidence que notre confiance était mal placée. A cet égard, et dans une question privée, on est libre de choisir entre se taire ou parler ; dans une question *d'intérêt patriotique*, se taire n'est pas seulement de l'indifférence, mais de la faiblesse.

Nous n'avons jamais eu foi dans quelques-uns des hommes qui ont gouverné la République depuis le 10 décembre ; notre confiance, déjà très-faible dans les autres, s'est encore amoindrie. Il se peut que nous soyons injuste à l'égard de ces derniers, au moins en ce qui touche les intentions, sinon l'intelligence politique; mais la confiance s'appuie sur des faits :

or, tous ceux qui se sont produits jusqu'ici n'étaient que de nature à modifier avantageusement nos impressions. Comment, en effet, n'aurions-nous pas de défiance? Le message du président ne parle même pas de cette Pologne dont l'inique démembrement a ouvert les yeux aux peuples!

Ou nous nous sommes trompé, et ces faits antérieurs ne prouvent rien pour l'avenir, et n'ont été que des nécessités de *position* et *d'accident ;* dans ce cas, l'avenir nous donnera tort, et nous nous en réjouirons. Ou nous avons eu raison, et nous en aurons la preuve très-prochainement et surabondamment.

La guerre faite à propos pouvait nous préserver des commotions terribles que nous avons éprouvées et de celles que nous pressentons.

Dans les discussions relatives à la politique extérieure, trois hommes, à l'Assemblée nationale, ont repoussé la guerre *absolument* ou temporairement pour des raisons différentes (cette divergence sur un sujet aussi suprême est au moins très-significative) : l'un, en voulant nous effrayer des *immenses* forces de l'Autriche ; l'autre, en alléguant les dangers du *socialisme ;* un autre enfin, en prétextant que nous n'avons pas *d'alliances*. Le premier a joué la comédie ; le deuxième a joué la tragédie ; quant au troisième, il a dit vrai ; mais s'il était descendu jusqu'au fond de son cœur républicain, nous sommes convaincu qu'il y eût trouvé les alliances qui nous conviennent. Nous allons essayer de les déterminer. Nous n'envisagerons la question qu'au point de vue du principe républicain ; il est évident que la question de *conservation* ou *d'intérêt* en découlera nécessairement.

Nous ne chercherons pas nos alliés, on le comprend, ni en Angleterre (nous ne parlons que des gouvernements) dominée par une aristocratie encore puissante ; ni en Prusse, ni en Autriche, ni en Russie, pays dominés par des gouvernements antipathiques à notre principe. Où les trouverons-nous donc ?

Que le lecteur ouvre une carte de l'Europe ; qu'il suppose un instant unies par des liens étroits, 1° la France ; 2° la Suisse ; 3° toute l'Italie ; 4° la Hongrie ; 5° la Turquie. Or, cette union eût été possible, ou lors de la rentrée des Autrichiens à Milan, ou après la bataille de Novarre. L'alliance de quatre de ces puissances s'appuierait sur le principe de la liberté et des nationalités ; quant à la Turquie, elle s'appuierait, dans cette union, sur son intérêt de conservation : car il n'est ignoré de personne que cette puissance n'attend qu'un signe de nous pour se tourner contre l'Autriche et la Russie qui menacent depuis si longtemps son existence.

Par ces alliances (en ne tenant même pas compte de la Suisse, dont nous supposerions la *neutralité*,) on réunirait environ 70 millions d'hommes. Les avantages de la position *géographique militaire* nous paraissent considérables. 1° Ces différents peuples se lient sur un développement non *interrompu*. 2° Leur flanc gauche s'appuie à l'Océan. 3° Leur flanc droit s'appuie aux mers Noire et de Marmara. 4° Leur front est couvert par les Alpes et les Crapacks. 5° Enfin, leurs derrières sont adossés aux Pyrénées, à la Méditerranée et à l'Afrique que nous possédons.

Nous ne voulons pas parler des conséquences probables et immédiates que produirait, même en ce moment encore, une combinaison de ce genre, telles que : soulèvement de la Pologne et peut-être de toute l'Allemagne. Supposons que ces alliances eussent été effectuées après la bataille de Novarre, et voyons approximativement les forces militaires qu'auraient pu mettre en *action*, d'une part : la France, l'Italie, la Hongrie et la Turquie ; de l'autre : l'Autriche que nous considérons avec le reste de ses Etats (1), la Russie, la Prusse et les Etats secondaires de l'Allemagne qu'elles auraient entraînés dans leur alliance. (Nous admettons la neutralité de l'Angleterre dont la politique doit être d'expectative ; de l'Espagne et du Portugal ; de la Hollande et de la Belgique ; du Danemark et de la Suède.)

Nous aurions eu à mettre en action : 1º la France ; cent cinquante mille hommes en Italie ; cent mille hommes sur le Rhin, dans une position défensive, si nous admettons, ce qui nous paraît vraisemblable, que les grands coups dussent être portés par le nord de l'Italie, d'où, en faisant effort par la Hongrie, on pouvait couper en deux la confédération des rois ; 2ᵐᵉ l'Italie, cent mille hommes ; 3º la Hongrie, cent mille hommes ; 4º la Turquie, deux cent mille hommes. Total, six cent cinquante mille hommes.

Nos adversaires auraient pu mettre en action : 1ᵉʳ l'Autriche, cent cinquante mille hommes : 2ᵉ la Russie deux cent cinquante mille hommes ; 3º la Prusse et les états secondaires, deux cent cinquante

---

(1) Il faut se souvenir qu'à l'époque où ces articles ont été écrits, la Hongrie n'était pas encore tombée.

Les Éditeurs.

mille hommes. Pour forcer les choses, supposons un total de sept cent mille hommes.

La France, en portant toutes ses forces militaires à sept cent mille hommes, aurait pu disposer encore de quatre cent cinquante mille hommes pour parer aux besoins de la guerre, veiller aux frontières et maintenir les *socialistes*, dont on a tant peur. Mais où aurait-elle trouvé de l'argent pour soutenir cette guerre? Nous savons bien que c'est là un des grands arguments de nos trembleurs, et qui au premier aspect ne laisse pas d'être spécieux. A cela nous répondons : que l'Italie n'eût pas hésité à pourvoir aux besoins de nos cent cinquante mille hommes, puisque c'eût été pour elle au moins autant que pour nous que cette guerre eût été entreprise : au lieu de payer à Radetzki les tributs qu'il lui impose, et l'indemnité de guerre à laquelle est condamné le Piémont, elle eût employé son argent à son affranchissement. On comprend que nous ne pouvons présenter ici que le canevas de cette combinaison ; le but est rempli si nous en avons fait ressortir les points les plus saillants. Quant aux conséquences générales, nous les abandonnons à l'intelligence et à la bonne foi du lecteur.

La guerre de Rome nous a inspiré de graves réfléxions. Né dans la religion catholique et pénétré de vénération pour les maximes du Christianisme, nous nous sommes demandé, depuis cette guerre, entreprise pour opprimer la nationalité et la liberté *d'un peuple* au profit *d'un pape*, si réellement les vraies maximes évangéliques étaient pratiquées par la religion catholique, et si c'était bien de son sein que devaient découler l'affranchissement et la liberté futurs des peuples ; et si, au contraire, la religion protestante ne renfermait pas plutôt ces causes et ces consé- quences... Si cette guerre anti-chrétienne autant qu'anti-républicaine nous a suggéré ces réflexions, elle a pu le faire à l'égard de beaucoup d'autres, sur- tout de ceux qui sont le plus *directement intéressés.* Admettons un instant (ce que nos réactionnaires nient) que la grande majorité des Romains soit l'enne- mie du pape, en tant que pouvoir temporel ; qu'elle ait été touchée des mêmes pensées que nous, et que, maudissant une religion au nom de laquelle on l'a mitraillée et asservie, elle l'abjure et embrasse le cal- vinisme dont le régime ecclésiastique est républicain... Veut-on nous dire si le canon empêchera cette abju- ration presque générale, et ce que fera le pape à Rome ?... On nous répond qu'il ira dans toute autre ville de l'Italie... Très-bien... Mais si toute l'Italie se faisait calviniste, que fera le pape en Italie ?.., Il viendra en France.., Mais si la France ?... Nous lais- sons poursuivre les conséquences. En définitive, une religion, au nom de laquelle, *en* 1849, on a renouvelé les scènes sanglantes du moyen-âge contre des hommes qui voulaient être républicains au même titre que nous le sommes, cette religion peut fort bien ne pas être la meilleure, et les peuples ont droit d'exa- miner : si le calvinisme ne serait pas plus capable de nous donner plus rapidement les conséquences dont le Christianisme renferme les germes dans son sein ; et de clore enfin cette ère de révolutions périodiques où nous nous débattons depuis longtemps. Qu'on y songe ! les révolutions religieuses opérées par Luther et Calvin ont été des protestations contre la religion catholique ; le protestantisme est prêt à former de ses deux grandes fractions un grand et unique corps.. Qui oserait affirmer qu'une dernière protestation ne lui rallierait pas le reste de l'Europe catholique (1) ?...

Si, après avoir suivi les allures du gouvernement dans la politique extérieure, nous les considérons à l'intérieur , qu'apercevons-nous ? Nous voyons le même esprit se produire ; c'est-à-dire : même abandon du principe républicain ; mêmes retours aux principes monarchiques (c'est rester, il est vrai, conséquent avec soi-même). Comme la Restauration et Louis-Philippe avaient voulu comprimer la presse, interdire les réunions, anéantir, en un mot, toutes ces manifestations diverses qui sont l'essence d'un gouvernement vraiment libre, qui permettent l'expansion naturelle et *en plein jour* de cette vie publique dont doivent exister les peuples arrivés à leur majorité ; de même, on comprime aujourd'hui, et on veut étouffer à sa renaissance, la vie qui commençait à circuler dans les veines de la nation. On force de nouveau à se replier sur soi-même ce flot, qui, en marchant dans sa force et dans sa liberté, n'eût pas tardé, malgré et même à cause de ses écarts, à creuser lui-même son lit et à régulariser son cours. Arrêtées

---

(1) Ce que nous venons de dire des dangers que la guerre de Rome fait courir au catholicisme n'est point absolu. En effet, il se peut que nous ayons exagéré les conséquences que peut produire cette guerre ; mais, convaincu que les tendances de l'Europe vers l'unité des principes politiques amèneront nécessairement une autre tendance vers une certaine unité religieuse, nous avons voulu faire sentir qu'une nouvelle *protestation contre le catholicisme* ne serait pas impossible. (*Note de l'auteur.*)

momentanément dans leur marche, ses eaux vont de nouveau s'accumuler, et, semblables à une puissante marée de l'Océan, pesant de tout leur poids sur les faibles digues où on veut les emprisonner, se précipiter encore par une immense brèche !

Oui, nous le disons : ce n'est pas sans une anxiété profonde que nous jetons les yeux devant nous ; car, si nous ne sommes pas sous l'empire d'un lugubre mirage, nous apercevons à l'horizon un nuage sombre et menaçant... il recèle dans ses flancs la foudre et la tempête. . il s'avance terrible ! Ce calme qui nous environne, loin de nous rassurer, augmente nos alarmes ! Si on ne parvient à la dissiper, cette masse profonde va bientôt crever sur nos têtes. Ce n'est pas en comprimant les matières inflammables qu'elle contient, qu'on en paralysera les feux ; le moindre choc, au contraire, pourra, dans un moment donné, faire jaillir l'étincelle d'où naîtra l'explosion. C'est en leur ménageant *dès aujourd'hui* des issues nombreuses et en élargissant le champ où elles bouillonnent, qu'on réussira à les dissiper. Cependant, il est temps... il est temps ! Mais c'est en vain ! Le sourd grondement de la tourmente qui marche et *qu'ils* ne comprennent pas, *les* rend sourds... les feux qui s'en élancent déjà *les* aveuglent.... *ils* n'entendent plus rien... *ils* ne voient plus rien !

Cassandre fut-elle crue des Troyens ? Que de Cassandres, cependant, *les* avertissent depuis quelque temps !

Vous qui appeliez *aventuriers* ces valeureux patriotes, hier encore derniers remparts de la nationalité et de la liberté italiennes ; *vous* qui appelez aujourd'hui *brigands écarlates* ces aventuriers dont la courageuse résistance a au moins permis à nos soldats de conquérir la seule gloire qu'ils pussent atteindre dans cette néfaste expédition.... Nous vous connaissons.... Vous êtes ces mêmes hommes qui déjà, lors de nos désastres, appeliez *brigands de la Loire* ces héroïques phalanges, qui disputèrent pied à pied à l'invasion le sol ensanglanté de la patrie.... Beaucoup d'entre vous combattiez dans les rangs ennemis... Vous tous, *qui que vous soyez*, qui, cachés dans l'ombre, méditez le retour d'une monarchie quelconque... égoïstes, qui ne frémissez pas à l'idée seule d'allumer la plus effroyable guerre civile dont fassent mention nos annales..... vos projets sont connus; vous ne les avez pas tellement voilés qu'ils n'aient pu percer malgré vous. Si vous ne nous entendez pas, la France nous entendra. Il est temps enfin que la vérité tonne à ses oreilles; il est temps que ses éclats retentissants, répercutés par toutes les âmes généreuses et libres, s'élancent de toutes parts !

Sortie de la bouche d'un des membres les plus obscurs de cette armée, qui, si elle a juré de sauvegarder la sécurité et les droits de tous, a aussi juré de conserver intact et pur le dépôt sacré de notre véritable gloire et de nos libertés, la vérité, qui doit toujours surgir, n'en aura que plus de poids ; nous la disons sans crainte comme sans ostentation ; car elle sort d'un cœur animé d'un ardent amour pour la patrie que nous voyons poussée vers des révolutions nouvelles.

Nous savons qu'on pourra nous faire payer du prix de vingt années d'honorables services les élans de notre patriotisme.... Soit. Si on nous y force, nous rendrons notre épée. Mais, après l'avoir déposée sur l'autel de la République qui nous la rendra un jour, nous traduirons au tribunal suprême de la nation, le seul infaillible en dernier ressort, ces hommes qui, pour nous transformer en *soldats prétoriens*, voudraient éteindre en nous toute générosité, toute indépendance légitime de *l'homme* et du *citoyen*.

Nous espérons encore que les insensés qui méditent le renversement de la République s'arrêteront au moment de jeter sur le sol de la France les brandons de la guerre civile... Mais, si leur cœur égoïste restait sourd... s'ils donnaient le signal! nous savons où serait notre place... elle est marquée au milieu des Républicains. Nous ne serons pas au dernier rang.

www.ingramcontent.com/pod-product-compliance
Lightning Source LLC
Chambersburg PA
CBHW070827210326
41520CB00011B/2149